ⓒ유승희

박미라

안개 부족

애지시선 019

안개 부족

2008년 4월 30일 초판 1쇄 발행

지은이 박미라
펴낸이 윤영진
기 획 유용주 박수연 한창훈 이정록
편 집 함순례
디자인 함광일 이경훈
홍 보 한천규
펴낸곳 도서출판 애지
등록 제 2005-5호
주소 300 -170 대전광역시 동구 삼성동 125-2 4층
전화 042 637 9942
팩스 042 635 9941
전자우편 ejiweb@hanmail.net

ISBN 978-89-92219-13-6 03810

* 이 책은 2007년 한국문화예술위원회 창작지원금을 받았습니다

애지시선 019

안개 부족

박미라 시집

□ 시인의 말

여기까지 끌고 왔다
변변한 목줄도 없이 밀고 당겼다

주저앉고, 넘어지고, 날뛰어서,
나는 어금니 부서지고 너는 살점 흩어졌다

길눈 어두운 나로 하여
비루먹은 詩여!

이제 네가 나를 끌고 가라

기꺼이 떠돌겠다

깊은 봄날, 벌판에서
박미라

차례

시인의 말 005

1부 거미가 다녀갔다

연자차 010
백악기를 읽다 012
혀 014
거미가 다녀갔다 016
작살나무 018
검은 피 한 잔 020
새여, 022
病에게 024
슬픔 026
아빠하고 나하고 028
층꽃나무 이야기 030
이불 혹은 구름 032
풍장 034
검은 염소가 매애애 운다 036

2부 억새꽃 내 언니

억새꽃 내 언니 040
그는 키가 작다 042
열애일기 2 044
단풍나무가 있는 풍경 046
고인돌 048
목련꽃 어머니 050
수상촌 이야기 052
고혈압 054
숭어 056
오래된 밥솥 058
내 눈 속의 찌르레기 060
도미 小傳 062
치매 064

3부 상처의 배후를 기록하다

작고 구부러지고 새파란 068
상처의 배후를 기록하다 070
낮달 2 072
어떤 병은 모르는 길처럼 사납다 074
수면내시경 076
꿈 078
바다로 가는 길 080

봄날은 간다 082
오만과 편견 084
푸른 미라 086
불면증 088
환절기 090
단단한 잠 092

4부 부레옥잠 그 여자
개복숭아 096
화순 고인돌 098
방황하는 닭 100
다시 장마 102
아직 몸이 남아 있다 104
만리포 연가 106
부레옥잠 그 여자 108
적멸寂滅 110
황사 112
안개 부족 114
두드리다 116

해설 | 이경수 119

제1부

거미가 다녀갔다

연자차

살얼음 낀 방죽에서 연밥을 딴다
씨방의 껍질을 찢고
그 안의 씨앗을 다시 깨뜨려
살점을 가르면
태아처럼 웅크린 꽃눈

천천히 고요해지는 찻물을 따른다
찻잔 가득 번지는 저 색깔을 무어라 해야 하나
아득한 이 향기를 무어라 해야 하나
연잎에 구르던 빗방울이, 꽃잎에 쌓였던 달빛이,
조금씩 덜어두고 간 입김 따위로 빚어진
아직은 흑백인 우주
곰곰이 들여다보면
지금 막 초록으로 건너가려던 중인 걸 알겠다
자꾸 수그러지는 머리를 흔들며
다시 찻물을 따른다
툭툭 튼 입술을 마른 땅 밟듯 지나서

뻘밭 속으로 몸을 옮기는
내 몸의 다음 생

* 연자차 : 연밥 속 씨앗을 가르고 그 안의 꽃눈을 꺼내어 덖은 차

백악기를 읽다

1

썰물 뒤에 드러난 공룡 발자국 화석을 본다
금방 진창을 밟고 지나간 듯 물기 남아 있다
바다를 통째로 밀고 당기는 손으로도 지우지 못하는 당당한 흔적이다
눈앞에 선명한 물증을 보면서도
바다로부터 왔는지 바다로 갔는지 짐작조차 할 수 없는
저 발자국은 또 다른 발자국을 찾아 가기 위한
하나의 기호는 아닐런지

2

한 걸음 한 걸음 바위가 될 때까지 헤아릴 수 없이 많은 생이 지나갔다 발바닥을 타고 번지는 습기에 뼛속까지 젖으며 그대로 주저앉아 흙이되자흙이되자 흐느낄 때마다 급하게 달려와 곁을 지키는 산맥과 누대의 자손을 보내어 안부를 묻는 풀과 나무, 새와 바람, 무심히 스쳤거나 존재조차 몰랐던 온갖 냄새들.

나는 그것들의 이름을 적어두기 위하여 백악기의 책력을 만든다 스스로의 살점을 천천히 저민다 누군가 강제로 수습해 간 나의 유골은 사실은 책력을 묶었던 질긴 끈이다

3

오늘 그대가 나의 책력을 펼쳐서
행간 속에 끼워둔 늙은 달빛과
미처 다 기록하지 못한 이름들을 알아본다면
나는 발자국을 벗고
맨 처음 밟았던 젖은 흙으로 홀연히 돌아갈 것이다
끊임없이 별자리를 외우며 걸어온 방향을 바라본다

혀

— 격포에서

적벽강에는 세상에서 가장 큰 혓바닥을 가진 짐승이 산다
온갖 것들을 핥으려는 그의 버릇은
아주 오래된 습관일 뿐이어서
뱃속을 뒤지면 수세기 전의 물건들이 나오곤 한다

내가 적벽에 머물었던 밤에도
밤새도록 내 방 창문을 두드리고 핥고 침을 퉤퉤 뱉기까지 했다
혓바늘이라도 잔뜩 돋았는가 서걱서걱 마른 모래 스치는 소리를 냈다
온종일 갯것들의 등짝을 어르면서 놀았거나
백 년에 한 뼘쯤 곁을 허락하는 해안가 절벽을 탐했을 것이다

소금기에 절여질 대로 절여진 그에게
세상은 온통 싱거운 것들뿐이어서

공연히 빈 입맛을 쩍쩍 다시거나
혓바닥을 깨물어 바다 한쪽을 벌겋게 물들이곤 한다
제게서 번져가는 속절없는 핏빛에 숨이 콱! 막히는지
어디로 가는지도 모르는 몇 척의 고깃배를 불러들이고
갈매기들을 꼬드겨 순식간에 그림 속에 가둬 버린다

다시 한가해진 그가 크게 몸을 비튼다
이럴 때 그는 한없이 순한 짐승이라도 된 듯
허연 혓바닥을 길게 빼물고
철썩철썩 제 등짝을 두드리며 논다

거미가 다녀갔다

항아리를 닦다가 툭 쳤는데 터—엉, 쉰 목소리가 난다
누구지, 고개를 디밀고 아—아 부르니 동굴 밑바닥을 타고 천천히 돌아오는 아——아

무엇인가를 담았던 기억은 아득하고 그 사이 몇 마리 거미가 다녀갔다 그 중에 몇몇은 잠깐씩 머물거나 눌러 살고 싶었던 듯 그물을 치던 흔적이 있다

바람도 돌팔매도 닿지 못할 장소를 찾아낸 거미의 황홀이 햇살처럼 묻어 있는 빈 항아리.
잠들 때조차 부릴 곳 없던 제 몸의 무게를 견고한 동굴 속에 던져두고
하늘을 등진 채 혹, 자살을 꿈꾸기도 했던
죽음의 문턱에서도 물러서지 않는 허기에 나갈까 나가 버릴까
그물을 치다가 말다가
잘못 날아든 나방을 향해 깔깔 웃기도 했던

뱉어 낼 수 있는 건 오직 먹이를 위한 그물뿐인 생애를
저 혼자 이리저리 짚어보기도 했을
빈 항아리에 등을 기대고 지금은 없는 거미의 날들을 생각한다

아—아—아, 아—아—아
등짝을 두드리다가 머리를 쓰다듬다가
까치발을 딛고 가듯 잦아드는 목소리
숲은 숲대로 까무룩 잠들고 새는 제 부리를 허공에 문지르고
거미의 종적은 묘연하고

작살나무

이름표를 달고 있는 나무들 앞을 지나다가
가슴에 묻어둔 피붙이를 만난 듯 몇 번이고 이름 외워
본다
작살나무, 작살나무, 라니!
이름까지 작살이라 못 박고 떨고 계신
그대는 누구신가?

기다림이란 저렇게
만나기만 해봐라, 이빨 으드득 깨무는 일이다
너를 박살내기 전에는 죽을 수도 없다고
이승의 한평생을 꼿꼿이 서서 버티는 것이다
닿을 수 없는 거리인 줄 알면서도
끝없이 떠도느라 푸르게 질린 너의 등짝에
온몸으로 콱! 꽂히려는 것이다

당신을 기다립니다

온몸이 작살이 되었으나
그리움 쪽으로는 한 발짝도 떼지 못하는 나무가 있다
피를 찍어 피워 올린 이파리들 다 지고
청보라빛 열매 몇 주저흔처럼 남았다
표고 1300m의 계곡을 버리고 내려온 국립공원 입구에
서
다시 한 생이 저문다

먼 바다 어딘가를 끝없이 떠도는 고래 한 마리
그가 작살을 피할 거라는 생각은 편견이다
작살이 꽂히는 순간
평생토록 빚어온 거대한 꽃 한 송이 활짝 피워 올린다

검은 피 한 잔

감기약을 달인다
바짝 마른 약재를 불과 불꽃의 경계에 올려놓고
물의 비등점을 자꾸만 밀어낸다
끓는 물처럼 버글거리는 머리를 흔들며
달여서 만든 것들의 이름을 외워본다
진액. 진심. 진정. 진국.
풋것일 때의 향기를 그대로 풍기는
저들도 오래 왔을 것이다

초록이거나 붉은 혹은 노랑이었을지도 모르는 것들의
고혈을 쥐어짠다
죽음 속에 싸 두었던 검은 피 한 잔
그 구구한 기록을 훔친다
감싸쥔 잔 속에서 잔물결이 인다
바람과 햇살의 뼈마디들이 한데 섞여 흔들리고 있다
목숨의 절정을 함께 견딘 것들끼리
딱딱하게 굳은 어깨를 툭툭 친다

몸 섞어 부비는 것으로 묵은 안부를 끝낸다

손바닥이 따듯해진다
바람 잦아들고 햇살 고요하다
열에 들떠 바작바작 타 들어가는 입술을 약 그릇에 댄다
뜨거움으로 뜨거움을 짚어가는
검은 피, 한 잔의 경건한 의식이다

새여,

시화호 갈대숲 기슭에서 한 곳을 바라보는 새 떼들
한참을 걷다가 돌아올 때까지 그림인 듯 서 있다
저 집요한 응시의 끝은 어디인가
가본 적도 없고 짐작할 수도 없는 상류로부터
멈춘 듯, 멈출 듯, 물길 휘어들고,

난분분 흩어지는 새들의 눈빛을 짐작해 보는데
숨 막히는 무리의 끝자리에
빈 문장의 물음표처럼 뒤돌아선 한 마리
저토록 분명한 홀로라니!
너무 멀어,
이름도 불러 줄 수 없는 저 새

늪은 깊고, 숲은 점점 어두워지는데

새들의 눈길을 비집으며
풀거미 한 마리 잎에서 잎으로 건너뛴다

천길 단애처럼 솟구친 이파리 사이에서 흔들리는 길
먹이를 위한 그물이 먹이의 표적이 되는 저물녘
돌아갈 것도 아니면서 제 길을 적어두려는 것들의 소란으로
곳곳이 붐빈다

뒤돌아 오래인 새여
목이 긴 그늘 한 점을 늪가에 벗어두고
지금 어디쯤 날고 있는가

病에게

저물녘의 염전

불빛 없이도 훤한 소금 더미에서 훅, 끼쳐오는 몸 냄새
집 떠나 한 번도 벗은 적 없는 단벌옷이
눅눅하고 건건하다

물길을 돌려놓는 건 낯선 밀교의식
펄펄 뛰는 바다를 뭍으로 뭍으로 끌고 다니며
살점을 발라내고
피를 말리지만
천만 번도 더 접고 접은 몸속에
짜디짠 심장을 감추고
눈부신 귀향을 꿈꾼다

잘 못 휘어댄 물길 때문에
곳곳에 건답 생기고 더러는 고여서 썩어간다
저 아래 아득한 발바닥에서는 따로 우물을 파는지

여러 날째 폭파하고 긁어내고 쑤셔보지만
아무래도 물길 잡히지 않는지 염증 깊다는 전갈이다
함부로 흩뿌린 마른 통증이 하얗게 드러난다

그러나 봐라
신선한 것들은 모두 죽음을 향한 질주로 헐떡이지만
고요히 숨죽인 여기
질기고 짭짤한 기록 하나를
병이여 편안한 곳에 얹어두고 천천히 드시라

슬픔

(신의 제단에 닿기 위하여 기어서 계단을 오른 적이 있다)

다세대 연립의 맨 윗층에 자리 잡은 신전
예고 없는 방문을 허락지 않는다
잠긴 문 앞에서 구원을 바라는 몸뚱이가 뜨겁다
헛간 귀퉁이에 세워 둔 빗자루처럼 헛헛한 한 시간
신전의 문이 열리고
말갛게 웃으며 나투시는 나의 유일 신

불현듯 달려와 생각하면, 드릴 것이 없어
빈 손바닥을 낡은 부채처럼 펼치는데
땀내 나는 먼 길을 받아 안으시는
목욕 뒤의 머리칼에서 보리쌀 삶는 냄새가 난다

소리가 지워진 노모의 세계는 새벽 창문처럼 고요하여
천둥도 사랑도 다만 무늬일 뿐인데

자글자글한 주름살 고랑마다
말씀의 무늬가 마른 오이꽃처럼 흔들린다

머무르지 않는 것들은 모두 야속하다

아빠하고 나하고

냉면집 유리창에 빗줄기 긋는데

아버지 지금도 냉면을 즐기시나 육수 주전자에 언 손을 얹었다 내렸다 불러댈 식솔도 없이 혼자서 쩔쩔 매시나
텅 빈 골목 내다보다가 푹 퍼져버린 면발을 들고
이걸 어떻게 먹어 없는 딸에게 눈 흘겨가며 그릇째 쏟으시나

퉁퉁 불은 면발이 비의 몸을 입고 쏟아지네 툭 툭 툭 끊어지네

한 끼 굶고 말지, 호롱불 훅 불어 끄셨나 불빛 번쩍 하더니 하늘이 금방 캄캄해 지네 근력은 여전하셔서 부엌문 걷어차시나 우당탕 쾅쾅쾅 여기서도 다 들리네

비는 그치고, 시장기에 등 떠밀린 아버지 한밤중에 밭에 나오시네 몇 자루 아껴뒀던 씨옥수수 심으시네 봄 가

을 따로 없는 거기는 농사짓기 좋겠네 콩꼬투리 솟는 걸 벌레라고 놀라던 맹탕 농사꾼이 뿌리는 옥수수 노란 알 여기서도 다 보이네 하늘 가득 별처럼 반짝이네

그래도 아침은 멀어, 퉁소나 한 곡조 불어야지 뒤척이시나 간간이 밤바람이 차웁네 퉁소를 어디다 두었더라 빈 방바닥을 쓸어보시나 스스슥 거친 손바닥 소리 들리네

씻은 배추줄기처럼 희멀건 풍채로 사랑방 창가에서 퉁소를 불던 아버지 비 오는 날도 불고, 꽃 지는 날도 불고, 여러 날 만에 돌아오셔도 퉁소만 불던 그림자 아버지

아버지 가시던 날 먹감나무 빈 궤짝 실어드리며 슬그머니 빼돌린 퉁소를 창틀에 얹어두네

가져가세요.

혼자 불고 혼자 듣던 그 곡조

사실은 저도 몇 군데 가락은 외울 수 있어요

웃음도 기침도 아닌 소리 바람인 듯 흩어지네

층꽃나무 이야기

평생토록 풀과 나무의 경계를 서성이며
여섯 개의 계단을 돌보는 기구한 짐승 한 그루를
오후 두 시의 숲 속에서 만났다
삐걱이는 맨 아래 계단을 허물어 여섯 번째 계단을 쌓는 중이다
병아리 혓바닥만 한 초록 받침이 난간 없는 계단을 받들고 있다
작은 것이 큰 것을 받들어 함께 고요하다
때때로 빛이 아니어도 환한 것들이 있다

맨발로 지나가는 것들에게 제 몸을 빌려 주기도 하고
몇 번인가의 폭우를 겪으며
사실은 허리 꺾고 울기도 했던
흔들리는 몸 저 아래 발등에 초록 무성하다
층계란 열망의 또 다른 비상구이지만
세상에는 땅속으로 연결된 비상구도 있다

풀을 지우고 나무로 돌아가는 날이 오면
나무는 제 안의 비상구를 열어 계단의 잔해를 쉬게 하리
힘주어 발가락 멀리 짚으며
큼, 큼, 헛기침도 해가며 슬몃슬몃 몸집 불려가리

* 층꽃나무 : 마편초과의 낙엽 아관목으로 여섯 개의 층으로 꽃을 피우며 줄기와 가지는 목질로 겨울을 나고 가지 끝 부분은 초질로 겨울이면 말라 죽는다.

이불 혹은 구름

최고의 품질이라는 이불 광고를 본다
부드럽고 가볍고 포근하다는
저것은 구름에 관한 설명이다
빗줄기 머금은 먹장구름은 어디로 빼돌리고
새털구름이나 뭉게구름 이야기뿐이다
털갈이하는 개처럼 속살 드러날지도 모른다는 이야기도 없다
뜬구름 잡기란 집요해야 한다
이불은구름이다구름은이불이다 갈팡질팡 광고를 따라간다
쓸데없이 길거나 촘촘한 털 사이에 먼지 잔뜩 끼어
날마다 창문 밖으로 털어낼 테지만
고개 갸웃거리며 이불을 산다

구름을 덮고 누우면
뼛속 가득 들어찬 바람들이 술술 풀려나오지
오래 잠들었던 방랑벽이 기지개를 펴지

숱하게 넘었던 산맥들을 줄줄이 불러내며
그리웠다는 듯 몇 방울 눈물을 떨구기도 하지
머물 수 없는 것이 나의 본질인 줄 알겠지만
필요하다면 나무에도 돌에도 땅속에도 숨을 줄 알지
지금은 다만 살랑거리는 봄바람처럼
당신의 제5계절에 동행할 뿐이지

이불을 반드시 덮어야 하는 건 아니다
반듯하게 개어서 옆에 두고 바라보기만 할 수도 있다
혹, 네가 온다면
봐, 아주 부드럽지? 손바닥으로 가만히 쓸어 보이며 웃거나
잠이 저절로 들어 하면서 거짓말 할 수도 있다
달콤한 광고 외에는 아무런 정보도 없는
이제는 내 것인
저 이불 혹은 구름

풍장

덕유산 향적봉 오르다가 고사목 곁에서 잠깐 쉰다 돌아보니 오래 진행 중인 풍장의 한가운데 들었다

살아 천 년 죽어 천 년을 건너느라 하얗게 질린 뼈마디들 지워질 만큼 지워져, 스스로도 자신의 내력을 읽지 못한다

비가 와도 눈이 와도 젖지 않는 몸에 대하여 물을 곳이 없다

오랜 조문에 지쳤다는 듯 쓰러져 누운 구름 몇 점 세상의 속도로는 짐작할 수 없는 시간을 흐르고 허공중에 제 무덤을 새기는 자의 노고가 무심하다

나무도 운다

꽃처럼 잎처럼 저물고 싶어 강철처럼 단단한 몸의 흔적을 뒤흔든다 전생의 말들을 기억하지 못하는 뼈마디로 허공을 긁는다

쉬지 않고 온몸 부르르 떨며 오리무중의 골짜기를 내려

다본다

산 속에서 불현듯 쇳소리를 내며 스치는 바람을 만났다면 그때 나무가 벙어리울음을 더듬는 중이다

나무가 천 년 동안 제 몸을 지워가는 일이 그렇게 특별한 것은 아니다

사랑 중에는 꿈속에서 화석이 되는 희귀종도 있다

검은 염소가 매애애 운다

남해바다 섬 기슭, 매복한 군사처럼 불쑥불쑥 나타나는 검은 염소들

폐교 울타리에 기대어 매애애,
바람의 냄새를 분별하거나 파도의 문장을 읽으며
통증 없이도 우는 법을 배운다
열 걸음 안팎의 허락된 세상 속
유일한 구조물인 말뚝을 들이 받거나 묶인 목을 더 옭아매며
매애애, 마음의 뒤란을 운다
다그칠수록 단단해지는 사랑처럼
뽑히지 않는 말뚝과 점점 굵어지는 목줄 앞에서
멍하니 서 있는 시간이 늘어가더니
처음부터 그랬다는 듯
조용히 씹어 삼킨 마른 풀들이 수염으로 돋고
그래그래, 고개 끄덕이며 제풀에 삭아가는 목줄

발자국 낭자한 진창이 꾸덕꾸덕 마른다
혼자 미쳐 날뛰던 슬픔이 악착같이 제 몸을 새기고 있다
보낼 수 있었다면 견딜 수도 있다
점점 더 검고 반짝이는 몸으로 무장하며
섬의 가장 높은 곳에 올라
지켜내야 할 영토를 살핀다
먹을 수도 없는 섬국화가 흐드러졌다
세상이 모두 향기라고 부르는 것이 내게는 독이라니!

바람이 불어오는 쪽을 향하여
닿지도 않을 울음을 보낸다
파도가 질긴 목줄처럼 섬을 휘감는다

제2부

억새꽃 내 언니

억새꽃 내 언니

나는 왜 다가서는 것들마다 핏물 배이게 그어 댔는지
엎드려 까닭을 묻고 싶은 계절이 왔으므로

나 그만 시퍼런 노독을 내려놓는다

푸르게 날 세웠던 칼날 안으로 향하여
스칠 적마다 서걱서걱 종이 베는 소리 들리는데

눈 질끈 감거나 두 귀를 막았던 적 많으니
나의 고백은 믿을 것이 못 된다

이제 한 시절을 다 돌았으므로
물기 다 거둔 몸매 가뿐한데

아직 떠나지 않은 바람이 있어
얼고 녹기를 거듭한 내 보풀을 어루만진다

기록할 수 없던 날들의 말줄임표처럼 흩날리는 살비듬을
꽃이라고 부르지만

이제 사랑도 겨울도 더 이상 치명적이지 않다

그는 키가 작다

— 안학수에게

그는 패망한 왕족의 핏줄처럼 키 큰 나무들 틈에 섞여서 자란 분재다

어둠이 관절을 비틀었으며 꿈이라고도 부르는 이파리를 주루룩 훑어갔다

말을 배우기도 전에 잘린 새순의 흔적을 만지작거리며 바람의 냄새를 빌려 오거나 구름의 발바닥을 훔쳐보며 홀로 놀았다

그의 금은방에 가면 그렇게 훔쳐온 별과 천둥과 빗방울 같은 것들이 반짝이는 걸 볼 수 있다

제각각 다른 숫자를 가리키는 시계들 사이를 스위치백*의 철길인 듯 숨어든 그가 그곳에서 고함을 치는지 무릎을 꿇는지는 알 수 없지만 돌아올 때마다 흠뻑 젖어 있다

그 모든 생소함을 감당하기 힘든 몸이 터지고 갈라지고 뒤틀리며 함부로 불거졌다

그러나 눈물을 지나온 치욕은 목숨에 합류한다

주저앉지 않으려는 관성의 발길질에 피멍이 들기도 하면서 차츰 분재의 틀이 잡혀 간다 명문가의 후예라도 되는 듯 껍질 두툼하고 자세 반듯한 그는 키 큰 나무들 속에서도 단번에 눈에 띈다

어느 날 이마 훤칠하고 입매 다부진 분재 한 그루를 보더라도 놀랄 일은 아니다

그가 가슴에 솟은 봉우리를 열고 머리 긴 여자를 꺼낸다 그가 훔친 것 중 유일하게 오라를 가진 원석

그의 등에 솟은 또 하나의 산은 붉은 산호색 입술을 가진 그 여자의 정원이다

* 스위치백 : 기차가 비탈길을 통과하기 위하여 전진과 후진을 지그재그로 반복하는 선로

열애 일기 2

마른 표고버섯을 물에 불린다
온몸의 물기를 덜어낸 수도승처럼
목숨의 흔적으로 남아 있던 버섯이
서서히 부드러워진다
저도 한 생을 다 겪었다는 것인가
날것일 때보다 색깔 선명하다
쉽게 부서지던 살점 부드럽게 접힌다
그러나 기억이 모든 것을 되돌리지는 못해서
오래 불려도 단단한 밑동은 떼어버려야 한다
간혹 국물 요리에 쓰이기도 하지만
그대로 버려지기 쉽다
마음이 다스리지 못하는 몸은 슬픔조차도 아니다
정지된 시간도 나이를 먹는지
불린 버섯에서 젖은 가랑잎 냄새가 난다
어느 먼 곳의 굴참나무 한 그루
조용히 흔들리고 있을 것이다

힘줄 툭툭 불거진 발을 따듯한 물에 담근다
십 년도 훨씬 전에 모기에 물렸던 자리가 또 가렵다
잘 있는가 그 여름

단풍나무가 있는 풍경

구석구석 번진 물결무늬를 쓸어본다
무늬마다 품었던 물소리가 들린다
흐르고 스미던 땅 위의 기억들
나무 속에 옮겨 놓고
더불어 한 생을 잘 살았던 저들도
삼키지 못하는 것들이 남아
옹이 선명하다

옹이는 나무의 눈이다
물러서지 않겠다고 버티던 비탈진 숲에서
생가지 뚝뚝 부러지는 바람 심한 저녁까지
한 번도 감지 않았던 뜬눈이다
이제 집이 된 나무는
그만 발효되어도 좋겠다는 생각인지 단내 풀풀 쏟는다
방안 가득한 열기에 나도 속엣것까지 벗어보지만
숨소리만 높아진다
소용돌이 선명한 옹이를 중심으로

빈틈없이 맞물린 어지럼증

단풍나무로 지은 산장에서 하룻밤을 묵었다
오래 그래왔던 것처럼 밤새도록 나를 읽는 눈동자들 때문에
뜬눈으로 새운 아침,
그냥 집 한 채였다

고인돌

우레 같은 숨소리를 다스리는데 백 년이 걸리고
눈과 귀를 버리는데 천 년이 걸렸다
버리고 지운 것이 그 뿐이 아니어서
겉과 속이 똑같이 살점도 가죽도 뼈도 아닌데

나는 어느 강물의 종족이었는지

선명히 남아 있는 실핏줄 아니어도
강물 한 굽이를 잘라낸 몸의 기억이 환하다
생각 깊어지는 한밤중이면
달빛 아래에서 출렁일 줄도 알고
한 마리 나비의 기척에도 살갗 파르르 떨린다
살점 어딘가에 깊숙이 숨은 채
마른 물줄기를 후벼 파는 기억 하나 있지만
오래된 것들은 닮아 가는지
통증도 이제는 견딜만하다

발바닥이거나 종아리쯤에서 실핏줄 하나 터졌는지
물소리 가만가만 들려오지만
풍화를 꿈꾸기에 나는 여전히 너무 무거워
또 다시, 천 년을 작정하고 禪定에 든다

피고지고피고지고,
몇 송이 풀꽃만이 누대에 걸친 이웃이다

목련꽃 어머니

물기 마른 꽃잎이 후르르 떨어진다
목련꽃이 진다
꽃 진 자리를 황망히 감추는 목련나무 아래가 캄캄하다

는개 자욱하던 봄날 근처
새로 맨 붓 끝으로 시작한 자서전을
돌소금 핥듯이 조심조심 읽는다
발 아래 수북한 파지 속에서
줄거리를 삼킨 글자들의 잠이 깊어지고

허공중에 새기던 주소들을 외워보며
저승꽃 번지는 우유빛 살결에 밑줄 긋고 싶겠지만
혼령처럼 떠돌다 이파리 속으로 스며드는
시퍼런 치정도 당신이다
말라버린 자궁 속에는 꽃의 씨앗들이 바글바글하지만
너무 늦은 것들은 꽃이 아니다
몇만 번 몸을 바꾸어 다시 오더라도

한 자 한 획도 틀리지 않을 문장들 속에서
쉼표가 되거나 마침표로 쓰일
꽃보다 단단한 희망들이다

봄날 쪽으로 향한 가지를 슬몃슬몃 흔들며
꽃 진 자리의 멍자욱을 쓰다듬는 검푸른 이파리들
책이란 행간을 읽는 것이라고 누누이 이르시는
목련나무 말씀이 쟁쟁하다

수상촌 이야기

검은 변색이 시작된 줄기를 흔들며 돌아오는
노랑어리연의 꽃빛에 기대어
굳은 관절을 펴보는 검은 수초의 마을

급조한 눈물을 앞줄에 세우고
스톱 모션의 앵글 속에서 꽃들은 피고지고 피고지고,
셔터를 누르면
순식간에 인화되는 내 목숨의 전생

저토록 짐작할 수 없는 하늘의 은유

까르르, 물결 위에 자지러지는 저 꽃잎들을 돌보겠다고
스스로 황토색 풍경이 된 호수에
보일 듯 말 듯 뿌리를 흔드는 검은 수초들
물의 가슴에 기대어 낮잠에 빠져드는 사이
할짝할짝 말라붙은 젖꼭지를 빠는 새싹들

한 점 혈육 같은 목발을 내던지고 길게 누우면
평생을 앓아온 어지럼증 가실 듯하지만
퇴화한 다리의 안부를 물으며
다시, 달빛을 권하는
툰렌샵 호수의 손등이 퉁퉁 부어 있다

고혈압

모든 푸것들 그의 밭을 거치면 짭짤하게 절여지네
비린 것을 달다고 우기던 눈먼 욕정도
껍질만 시퍼렇던 어린 열매들도 그 자리에 무릎 꿇고
자반이 되고 장아찌가 되네
다녀간 것들 많아 산호초처럼 우거진 소금길을
아무 때나 치마 걷어 내보이네
이봐, 펄펄 끓어, 손까지 끌어다 짚어 보이네
내게 좋은 것이 귀한 것이지 분명하게 절여 둬야 해
물기 많은 것들은 쉽게 상하거나 물크러지거든
눈물 많은 눈자위가 짓무르는 것만 봐도 분명하지
멍들지 마라, 상하지 마라
오늘도 소금 훌훌 뿌리네

너무 절이거나 말린 것들은
나중에는 다른 이름으로 불린다는 걸
모르는 것일까
혹은 거둬야 할 물기 아직도 많이 남았다는 것일까

익숙해진다는 건 사람이 다스릴 수 없는 치명적인 독

붉은 핏줄 터뜨려 염분의 뿌리를 찾아보지만
무엇으로,
저 맹목의 사랑에 간 맞출 것인가

숭어

어부 김씨의 손은 공손하고 단호하였다

젖은 옷 몇 벌이 지붕보다 높은 빨래줄 위에 널렸다

내가 오라를 본 건 어부 김씨의 손에서였는지

젖은 옷을 벗어버린 알몸 때문이었는지 분별할 수 없다

젖은 빨래의 배경은 바다 빛깔의 하늘이었으며

바람은 적당한 소금기를 품고 있다

빨래가 다 마르기 전에 어둠이 올 것이다

처음에는 한 덩어리의 격렬함이었다가 서서히 펄떡임이 되더니

밥물처럼 잦아들며 제 안의 파도를 조금씩 토해낸

단정한 주검의 나부낌 아래를 쓰윽 지나간다

오래된 밥솥

오래되었다
더 이상 반짝이지 않는 몸통에
뭉개진 상표
종신형을 받은 수인囚人 같다
그렇지만 제깟 게 뭐라고 세월을 셈하는가
얼마 전부터 취사와 보온을 헷갈려 한다
나무라듯 달래듯 탁, 때리면
부글부글 기억을 뒤적이며 밥을 끓인다
푸푸푸 바튼 기침을 헐떡이다가
푸우, 한숨을 내뱉는다
비명을 지르는 것들도 있다고 한다

오래되었다
아침마다 뽀드득 뽀드득 소리나게 닦지만
버즘나무 껍질처럼 얼룩덜룩한 얼굴
수시로 바뀌는 바탕색이 오늘은 쾌청이다
너무 많이 듣고 살았다고

반 넘어 막아둔 귀로
보태고 덜고 매끈하게 다듬은 소리만 듣는다
그게 아니구요 어머니, 내가 소리치면
그럼, 뜸을 잘 들여야지
남들도 다 아는 당신만의 비결을 말씀하신다

평생토록 날것을 익히며 가는 생이 있다

내 눈 속의 찌르레기

죽음의 순간에는
한 생애가 영화 필름처럼 지나간다는데
시금치를 삶아 보니 알겠다
물감 통을 툭 친 듯 속절없이 엎어지는 한 생애

죽음이란 모든 굴곡이 평면이 되는 것
술독에 빠졌던 사랑가 한 대목도
비타민C에 번득이던 눈빛도
칡뿌리처럼 벋어나간 근육질의 증오도

한순간에 평평해지는 것

바람과 햇살과 빗방울이 지나간 길이나
찌르레기가 울고 간 길이

다같이 고요해지는 것

죽음의 뒤쪽에서도 찌르레기는 울어,
시금치도 먹을 줄 모르는 찌르레기가
오늘은 내 눈꺼풀을 열고 쏟아진다
어디에도 없는 목소리의 흔적을 찾다가
꾹 다문 입술을 되짚어 털털거리는 가슴속으로 돌아가면
끝없이 펼쳐지는 시금치 시금치 밭
표지석도 없이 한없이 깊고 푸른 또 하나의 평면

도미 小傳

끓는 물 속에서 도미가 솟구친다
세상에! 연분홍 수레국화 한 송이 피어 있다

꽃들은 뜨거움의 절정에서 피어나는 것
봐라 몸으로 피워낸 도미의 꽃.

꽃은 피는 것이 아니고 터지는 것이다

무딘 손끝으로 뜯어낸 살점 속에
물결처럼 번진 실핏줄이 보인다
살점이 제 핏줄을 감싸려고 둥글게 몸 말았는지
살점을 놓치지 않으려던 핏줄이 한순간에 터져버렸는지
터지고 끊어진 것들끼리 끌어안아 꽃이 되었다

활짝 핀다는 건
삼켰던 뜨거움을 뱉어내는 일일 뿐
죽음을 향해 건네는 악수일 뿐

마지막 비린내를 풍기며

피어라, 도미

치매

어떤 구름은 높은 산을 만나면
제 안의 물기를 모두 쏟아버린다는데

그녀는 혹 세헤라자드 왕비가 아니었을까
노랑 저고리를 입고 빨래를 삶으며
등 뒤에서 껴안는 사내에게 잇꽃 같은 잇몸을 내보인다
틈틈이 밥을 먹고 기침을 하고
강철 입술로 세상을 단죄하며 부르르 떤다
저희끼리 부대껴 모퉁이 부서진 말들이
갈아엎은 텃밭처럼 쓸쓸하다
그녀의 영토로부터
발효가 시작된 두엄 냄새 스멀스멀 올라온다
마침 저녁이 당도했으므로 유자빛 전구를 밝히고
두들기기 좋게 방바닥을 치운다
지금 그녀는 오래된 적막을 물어뜯으며
돌을 삼켜도 소화가 된다는 대목을 넘어가는 중이다

다정한 음모를 꿈꾸듯 그녀의 이야기를 분류한다
시간과 장소 계절과 온도
밤과 낮으로 나누어 보다가
뜨거운 것과 차가운 것으로 다시 나누는데
너무 곰삭아 형태도 빛깔도 알아볼 수 없는 것들이
화석처럼 단단한 것들 사이를 지나간다
그것들, 노래처럼 울음처럼 쉴 새 없이 지껄이지만
아무리 귀 기울여도 알아듣지 못할 목소리들이
말라붙은 마지막 몇 마디를 씨앗인 양 싸고돈다

산을 넘기에는 너무 얇은 허물만 남은
구름 한 점

제3부

상처의 배후를 기록하다

작고 구부러지고 새파란

풋오이 하나를 앞에 두고
없는 뼈마디가 시큰거릴 것만 같은
母系의 혈통을 읽는다

그늘을 향했을까
구부러진 허리쯤에 오글오글한 가시들
살점도 이파리도 아닌 中陰의 흔적
가시는 눈물의 출입구일 뿐
울음은 은밀한 문 안쪽에 가득하다
씨앗인 양 쌓아둔 무른 이빨들
제 속살이나 조심조심 깨물고 있다
눈물 속에는 겨자씨만큼의 한숨도 섞여 있어
꼭지 쪽이 쓰디쓴 오이도 있지만
껍질을 벗겨내면 쓴맛은 사라진다

사랑에 관한 주석이 일렁이는 물의 지층을 지나
묵은 혈통의 발원지를 찾아가는 길

문맹의 그녀가 남긴
작고 구부러지고 새파란 상형문자 하나
사막의 그믐달을 닮았다

상처의 배후를 기록하다

눈을 뜨면,
웅크린 역사 하나 응달쪽에 보일 것 같아
잠결인 듯 눈 감고
아까부터 따라오는 냉이꽃 냉이꽃만 바라보는데
마음에 자꾸 바람이 일어
꽃들도 생각도 한쪽으로 눕는다

이제는 제대로 짖지도 못하는 늙은 개에게
잘 있어 다시 올게
빈 말을 남기고 떠나올 때처럼 얼굴 화끈거려
창문 쪽으로 돌아앉으니 기차는 벌써 영산강을 건넌다
다시역 쪽으로 흘러가는 강물 바라보며
다시 생각하니
나는 다시역을 보지 못했다

무작정 뛰어내려
돌아오지 않는 것들의 주소를 수소문하게 될까 봐

터지고 깨진 것들의 은신처 같은 다시역을

눈 감고, 눈 감고, 지난다

* 다시역 : 전남 나주시 다시면 영동리에 있으며 무궁화호가 간간히 선다.

낮달 2

좌판 위 노각을 쓰다듬는 노파에게
반쯤 비워진 비료 푸대가 쿨럭 쿨럭 안부를 묻는다
서너 개씩의 무더기가 다시 서너 개
가설극장을 기웃대는 얼굴들처럼 쓸쓸하거나 다정하다
잘 늙고서야 상품이 되는 노각의 껍질은
오래 공들인 연필화처럼 비집고 들어갈 빈틈이 없다
바람도 햇살도 드나들지 못하는 저곳은
함부로 넘겨다 볼 수 없는 목숨의 구중궁궐이다
갈라터진 껍질이 결 고운 비단으로 보이는 것은
설핏한 저녁 햇살 때문이거나
삼베 같은 노파의 손등 때문이다

노각의 껍질을 벗긴다
물기 홍건한 속살을 저며 켜켜이 쌓는다
봐, 이렇게 싱싱하다구!
노파의 눈동자에 얼비치는 희디흰 살점들.
눈물이란 때로 가늠할 수 없는 것이어서

그렁그렁 머금은 것들의 수심은 짐작할 수 없다
허물처럼 쌓인 껍질의 안쪽 초록이 선명하다
몸속 가득한 물기를 지키며 햇살의 경계를 버텼지만
누가 뭐래도 여름은 뜨거웠다
여물지 못한 씨앗들이 발라낸 살점의 부피보다 많다
햇볕에 잘 말리면 저 중에 몇은 싹을 틔우고 다시 궁궐을 지을 것이다
살비듬 버석이는 정강이를 끌며
주섬주섬 좌판을 접는
등 굽은 노각 하나
파장의 골목을 낮달처럼 떠간다

어떤 병은 모르는 길처럼 사납다

통증은 밤낮으로 계속 중이다
아픈 팔꿈치를 지켜내려고
낯선 거리를 내닫고
꽃나무 그늘로 숨어들고
묵은 먼지 풀썩이는 기록에게 묻는다

새벽안개 한 필로 싸맨 가슴 통증은 차마 끌러 볼 수 없고
혼자서는 감당할 수 없어 불러들인 바람과 달빛이
온갖 그림자를 선명히 보여준다
바라볼 것들이 많아졌다
까마득 잊었던 돌단풍꽃이거나
바람 아니었다면 먼지 털어내지 못했을 이름들을 아무렇지도 않게 읽는다
여윈 달빛을 끌어다 통증 부위를 비춰본다
그때 나는 어디에 있었을까
저 혼자 투둑투둑 울면서 끊어졌을

지금껏 내 팔꿈치를 견뎌준 작은 길들
아프다는 말을 배운 적 없기에
눈빛 마주쳐도 생살 무심히 내보인다

풀들은 눕고, 바람 흐느적거리는 적막한 골짜기에
웃자란 시간이 달빛을 가린다
길 끝에 적어둔 말들이 천천히 멀어진다
끊어진 채로 허공중에 흔들리는 실뿌리들 때문에
비 오는 날이면 통증은 더욱 심하다

수면내시경

잠깐이라고 한다
내가 잠깐 잠든 사이에 다녀오겠다고 의사는 지도를 들고 나선다
생성된 지 반세기가 넘는 그 동굴에 짐승 하나 산다는데
반세기를 끊임없이 먹는 일만 하고서도 허기가 남아
지금 제 살을 파먹는 것 같다는데
그 짐승 무슨 까닭인지 맡아둔 음식을 푹푹 썩히기도 한다는데

잠깐이란, 나를 통과했거나 통과 중인 것들을 가늠하는 단위이다
그 단위로는 바람도 기침도 꽃잎도 다 잴 수 있다
잠깐 한눈파는 사이에 어머니는 아이가 되었고
너를 만나러 간 자리에는 전생의 내가 앉아 있다

그 짐승 저도 가끔은 답답할 때가 있다고
함부로 가슴을 쥐어뜯는 서슬에

나는 울다가 웃다가 깨지다가 터지다가
지도에도 없는 곳에 와 있다
이곳은 나무도 돌도 울타리도 모두 붉은 색이다
여기서 발원한 붉디붉은 물줄기가 우주를 휘돌아
아이를 낳고 산을 낳고 눈물을 낳는구나
누군가 뭉텅 베어버린 살점처럼 온몸 부르르 떨린다
탐사를 끝낸 의사가 지도를 접는다
저 지도는 평면도일 것이다

얼레지꽃처럼 속을 다 뒤집어 보이며
나 잠깐 잠든 것이다

꿈

가위에 짓눌리다 발버둥 치면서 깨어난다
온몸에 진땀 흥건하다

붉은 풍선이 집안 가득하다
저것들 다 어디서 왔을까
풍선을 터뜨려 바람을 받아 마신다
나는 점점 배가 불러
터질 듯 터질 듯 부풀어 집안에 가득하다
뱃가죽이 말개지도록 바람을 마셔도
터지지 않는다 떠오르지 않는다
멈출 수도 없다
금방이라도 터질 듯한 몸뚱이를
수천수만의 쥐떼가 갉아먹고 있다

마실수록 허기지는 바람이 있고
쥐가 물어뜯어도 터지지 않는 풍선이 있다니
망가지지도 죽어지지도 않는 세상이라니

모든 풍경이 마른모래처럼 흘러간다
나 이제 춥지 않다
원한다면 내게 물을 부어도 좋다
발화 지점은 짐작할 수 없지만
혼자 마르고 혼자 타오르는
여기는 사막이다

바다로 가는 길

(말하지 마라 아무 말하지 마라 저 나무도 다 까닭이 있어
거기 서 있는 것이다 — 장자)

만리포 해수욕장 옆구리에 물뱀 한 마리 붙박이로 삽니다
한때 바다의 핏줄이거나 살점이거나 마음이었던 저 물뱀
지금은 딱딱하게 굳은 몸뚱이를 하고
한 번도 뒤돌아보지 않습니다
기다림보다 모진 말이 없다는 걸 알겠습니다
놈의 등줄기에 새파란 파래들 줄지어 있습니다
바다로 가는 길을 적어둔 것입니다
혼자 하는 맹세의 색깔일수록 선명한 법이지요
가고 돌아오기를 반복하는 바다를 견디며
진저리치는 저 물뱀을 보세요
때때로 꿈꾸는 이별은 그가 지닌 단 한 벌의 옷입니다
놈의 등짝 위에 그물코보다 촘촘한 실금 가득합니다
보이지 않는다고 상처가 아니겠습니까

그러거나 말거나
저 미련한 물뱀 한 마리
아무 때나 장자를 펼쳐듭니다
세상에 쓸데없는 추억이 어디 있겠습니까
멀리 나갔던 바다가 서서히 돌아옵니다
아 아 아, 구부렸던 몸을 펴면서
놈은 습관처럼 밀물 속으로 풀어지고
수평선이 끙, 돌아눕습니다
오늘도 놈의 등짝만 읽다가 돌아갑니다

봄날은 간다

봄날 산에 오르다가 나무 베는 사람들을 본다
손바닥에 침을 퉤 뱉고 달려드는 톱날 아래
어깨 떡 벌어진 헌헌장부 같은 소나무가 쿵, 쓰러진다
쌓인 것 없는 속이 어디 있겠느냐고
막걸리잔 엎으며 침 튀기던 사내처럼
톱밥 허옇게 쏟아진다
허리도 비틀고 다리도 구부리며
나직나직 살았는데

터지고 갈라진 껍질이야 내력이라 해도
멀리까지 내보낸 뿌리는 어떻게 달래나
잘린 자리에 맑은 눈물 솥아 있다
흐르지 못하는 눈물 속에
관솔불 어룽이는 집 한 채가 보인다

간벌間伐이라는 말, 사람의 마을에서는 흔한 말이다
햇살에 무장무장 가슴 지지는

봄날은 간다

오만과 편견

더덕즙을 마시는데 울컥, 올라온다
어둠의 육즙에 비위 상한다

얻거나, 훔치거나, 빼앗은,
누군가의 피로 흘러온 나여,
가슴속 수만 평의 공터에 바람 분다
정처를 경작키 어려운 거친 땅이니
먼지라도 잠재워 보자고 타이르며 다시 마시지만
여전히 삼킬 수 없다

비위가 상한 것은 내가 아니고,

밤은 세상 모든 종류의 어둠을 알면서도
절망에게조차 휴식을 허락하는 너그러운 배후다
온몸에 실금처럼 촘촘한 제단을 쌓고 어둠을 향기로 바꾸는 일은
밤의 협조로 순조로웠다

맨 나중에 꽃을 피워 올리는 건
향기에 이르지 못한 어린 어둠에게 바치는 헌사였으리

나의 어둠을 나는 알지만

평범한 소시민처럼 이름 없는 나의 어둠은
제 몫의 시간을 아껴 먹으며
잘못 끼어든 희망 따위를 골라내거나
허공에 등을 기댄 채 꺾인 발목을 주무른다

무릎 끌어안고 지긋이 바라보면
천천히 따듯해지는
나의 어둠에 발끝도 닿기 전에 돌아선
더덕즙을 확 쏟아버린다
수돗물을 틀다가 멈칫한다
종갓집 대물림 간장처럼 향기 나는 어둠에 닿기 위하여
얼마나 더, 이 어둠을 덧칠해야 하는지

푸른 미라

무 우거지를 엮어 매단다

야생마 갈기처럼 당당하던 푸른 계절은 지나가고

희미하거나 아득한 것들을 짚어보는 사이

오래 참았던 분노가 식어가듯 물기 날아간다

함부로 뒤적이거나 잊은 듯 버려두어도 좋다

이제 내게는 다칠 마음이 없다

몸은 남고 마음이 떠난 것들에게

상처란, 검불 하나만큼의 의미도 아니다

금방이라도 나를 먼지처럼 부셔버릴 수 있을 테지만

마지막까지 움켜쥔 푸른 색깔만은 지우지 못할 것이다

스쳐 지나가는 바람 한 점에게도

부스럭 부스럭 먼 데 소식을 묻는

죽지도 못하는 기다림을 본다

불면증

여러 날 잠이 오지 않는다
핏발 선 눈으로 어둠을 바라보면
약속한 적 없는 것들만 지나간다
물에서 금방 건져 올린 듯 펄펄 뛰지만
그것들은 생선이 아니다
덜컥덜컥 가슴 무너지는 소리를 흉내내며
오래 묵어 제 형상을 바꿀 줄 알게 된
시간이거나, 함부로 내뱉은 약속이다
천수관음보다 더 많은 손을 가진 종류 미상의 희망이
거나
이름을 밝힐 수 없는 슬픔이다
필 줄만 알고 질 줄 모르는 엉겅퀴 붉은 꽃이다

심장이 쿵쾅쿵쾅 뛰고 맥박이 빨라진다
꽃무늬 커튼의 미세한 떨림이 감지된다
돌아눕고 싶지만 어둠의 깊이를 짐작할 수 없다
방안은 열기에 휩싸이고 숨이 턱턱 막힌다

잠들 곳을 찾지 못한 것들이 날 것인 채로 빠져나가는
중인가
온몸 구석구석이 저리고 쑤신다
바스락 바스락 말라간다
며칠째 감아보지 못한 눈에 물기라고는 없는데
누가 한사코 우물을 파는지 마른 모래를 자꾸 끼얹는다
버석이는 모래를 걷어내며 사방을 둘러본다
죽은 말의 모가지처럼 뻣뻣한 검은 장화 한 켤레가
창밖에서 나를 엿보고 있다
눈 뜨고 꾸는 꿈도 내 마음대로 고쳐지지 않는
여기는 누구의 꿈속인가

환절기

논둑에 앉아 마른세수를 한다 이마 쪽으로 밀려가던 주름이 흘러내린다 촘촘한 주름살들이 목덜미쯤에서 햇살과 뒤엉켜 자글자글 끓는다

그의 몸에는 자세한 지도가 새겨지고 있지만 정작 그는 지도를 읽을 줄 모른다

가끔 지도를 들여다보고 고개를 끄덕이거나 씩 웃기도 하는데 그럴 때 그는 심하게 눈을 깜박이거나 헛기침을 한다

간혹 손가락에 침을 발라 군데군데 점을 찍으며 무엇인가를 계획하는 것처럼 보이지만 여전히 그는 오리무중이다

그는 자주 들판으로 나간다

아무도 없는 곳에 지도를 펼쳐놓고 살펴보지만 그 많은 길들을 누가 그렸으며 어디로 가는 길인지 짐작할 수가 없다

그는 참을 수 없이 지루해져 나무껍질 같은 손바닥을

썩썩 비비거나 마른 풀들을 다독여 빈자리를 만든다
　오래 앉아 있던 자세를 바꾸다가 어딘가를 잘못 짚을
적이 있는데 그럴 때마다 화들짝 놀라는 걸 보면
　누굴 줘 버릴까 한다는 말은 낭설이다

단단한 잠

몇 발자국 옆에 서 있는 나무 한 그루
작은 새의 주검 쪽으로
한사코 그림자를 늘리는 중이다
지구의 한쪽이 기우는가
잠깐 현기증이 인다
젖은 창호지 같은 눈꺼풀 안쪽에서
먼 등불처럼 깜빡이는 한 생애

이 생은 머무르지 않고 지나가고 싶었기에
날고 또 날았다
상형문자를 닮은 발자국과
몇 개의 깃털을 흘렸을 테지만
아무도 해독하지 못하리라
세상에서 빌린 단 하나의 무게인
'새' 라는 명사를 내려놓으며
메밀싹 같은 발목을 하늘 쪽으로 둔다

바람은 낯익은 솜털을 부풀려 보고
아직 남아 있을 체온을 겨냥하며
빛의 바늘들 무수히 꽂히지만
무엇으로도 저 단호한 일생을 돌이킬 수 없다
아무 상관없는 것들로 빈 뼈마디를 채우며
편안히 제 무게를 땅에 보태는

새는 점점 단단해진다

제4부
부레옥잠 그 여자

개복숭아

매실 속에 섞인 개복숭아를 가려내지 못하겠다

새로 담근 매실청이 부글부글 고여 넘친다
비슷한 것을 같다고 우기며 밀고 들어간 연옥을
벌벌벌 기어나오는 개복숭아
슬며시 병뚜껑을 열면 천천히 거품 잦아든다
절손한 집안의 조상처럼 풀죽었다

이제 집도 절도 없다
유월 땡볕이 시작된다는데
끝까지 따라붙는 도화살이 없는 몸을 더듬는다
알고 보니 골격까지 비슷하다는데
너무 늦게 온 어머니 엉뚱한 두개골을 수습하여
머리맡에 거두면 어쩌나
아이들 돌팔매에 도망가는 어름한 누이처럼
운다 비질비질 운다
자신의 이름도 아득한 노파처럼 쪼그라든 개복숭아에서

기어 나오는 어린 살냄새

방금 도착한 신간의 뼈를 발라내며
빙의를 꿈꾸는 솜털 보스스한,

화순 고인돌

화순 고인돌 공원의 무덤들은 지상과의 경계에 틈을 두었네

천 년을 열려 있는 저 틈새는 누구의 비밀 통로인지

사방 숭숭 뚫린 틈새로 천만가지 바람이 다 드나드네

슬그머니 들어와 허겁지겁 내 심장을 파먹는 자가 있었네

달디단 입술을 핥으며 비밀 통로로 빠져 나갔네

내 몸은 한결 가벼워졌으므로 떠돌기에 좋았네

바람 심한 날이면 늪가에 주저앉아 물을 마셨네

빈 뼈마디 가득 가득 물을 채웠네

내 안에서 찰랑이는 물소리 아름다웠네

천 년 전의 이야기이네

언젠가 이 사막을 들린 적이 있네

다시 오지 말아야지 그때도 다짐했네

천 년이 천 번쯤 지나가고 사막에 풀이 돋을 때쯤 다시
오겠네

와서, 작은 앵두알만 한 심장의 씨앗을 심겠네

방황하는 닭

8차선 도로 갓길에 닭 한 마리 허둥댄다
날개를 바삐 퍼덕이다가 보도블럭을 긁어 보다가
사람의 키를 훌쩍 넘는 철망 앞으로 종종걸음 친다

맹세코 탈출을 꿈꾼 적 없다
날개라니, 모르는 말이다
나라고도 하고 어미라고도 하고 뜨내기 노파라고도 하는
의지할 곳 없는 영혼 하나가
하필이면 내 몸에 깃들어 온몸을 쑤시고 다닌다
헐거워진 옷처럼 생각 밖에 있다가도
느닷없이 옆구리를 찌른다
뜻밖의 공격에 분통 터진다
그러다가도 한동안 그 짓이 뜸하면 불안해져
스스로 그 상황을 재현하는 것이다

물그릇은 어디 있을까,

주둥이 끝도 디밀 수 없는 보도블럭 틈새를 노려본다
저 단단한 틈새를 파헤쳐 물을 찾아내는 것은
날개가 아니고 내 발톱일 것이다
나를 여기까지 데려온 발톱은 이미 쇠갈퀴가 되어 있다
목젖이 꿈틀거린다 먹이를 향한 기억의 습관이다

비겁한 뱀처럼 똬리를 틀고
밖으로 나오지도 않고 죽지도 않는
오래고 질긴, 무슨 끈 같기도 한, 네가
아무래도 지울 수 없다는 허공을 향해
아래에서 위로 눈을 감으며
어디라도 상관없다 나, 필생의 절창을 뽑는다

나는 닭이다!

다시 장마

서해안 기슭에서 만난 작은 염전
빈 소금창고 혼자
비에 젖은 슬레이트 지붕을 견디느라
아랫도리를 부르르 떤다
일그러진 문짝 너머로 쏟아져 나오는 소금기에
온몸이 눅눅해진다
소금을 쟁였던 기억만으로도 날것을 알아보는
이 창고의 나이가 궁금하다

벽을 쓸어 본다
하얗게 묻어나는 소금의 입자들
컴컴해서 더욱 환하게 보인다
구석에 남아 있는 소금 덩어리들
낯선 발길에라도 차이고 싶은 듯 함부로 뒹군다
얼굴을 적시는 빗물을 핥으면
옛사랑처럼 희미한 소금기
빗물에도 염분이 있는 것인가

오래전 내 생애가 울궈지고 있는가
빈 창고 안에 남아 있던 소금기나
염전 마당에 고였을 뿐인 빗물만으로도
절여지는 것이 있다

아직 몸이 남아 있다

한쪽 날개를 질질 끌며 새끼들 반대편으로 도망치던 어미새

이리 오세요 와서 나를 드세요
우리가 마주칠 때 커다란 불덩어리 하나 온몸을 훑고 갔으므로 내 속은 지금 잘 익었습니다 김이 펄펄 납니다 식기 전에 드세요

딱딱한 것들은 뱉어도 상관없어요 심장 쪽에서 잘못 새어나온 두려움일 뿐이에요

닿을 수 있는 곳까지만 솟구치던 순하고 부드러운 날개도 가지세요 깃털 사이마다 끼워둔 노을과 바람도 함께 드릴께요

혹 마음이 비명을 지를 때가 있거든 깃털 속 바람에게 물어보세요

세상이 뒤죽박죽 되도록 날뛰다가도
벙그는 꽃잎 다칠까봐 에둘러 갈 줄 아는 바람이
나가야 할 때와 멈춰야 할 때를 일러줄 거에요

아쉬워도 노을은 거기 그냥 두세요
훗날 절름거리는 순례자 하나 찾아온다면 고작 몇 개의
깃털뿐으로는 서운할 테니까요

만리포 연가

멀어서 아름다운 것들이 있다

마른 모래바람이 가슴을 쓸고 가는 날이면
만리포 바다를 보러 오시라
오래된 슬픔처럼 속절없는 해무 속에서
지워진 수평선을 가늠하는 붉은 등대와
닿을 수 없어서 더욱 간절하다고
아득히 잦아드는 섬이 있다
누군들 혼자서 불러보는 이름이 없으랴
파도소리 유난히 흑흑대는 밤이면
그대 저린 가슴을 나도 앓는다

바다는 다시 가슴을 열고

고깃배 몇 척 먼 바다를 향한다
돌아오기 위하여 떠나는 이들의 눈부신 배후에서
고단한 날들을 적었다 지우며 반짝이는 물비늘

노을 한 자락을 당겨서 상처를 꽃으로 만드는 일은
아무렴, 우리들 삶의 몫이겠지
낡은 목선 한 척으로도
내일을 꿈꾸는 만리포 사람들
그 검센 팔뚝으로 붉은 해를 건진다

천 년 전에도 바다는 쪽빛이었다

부레옥잠 그 여자

무릎 관절이 툭 불거졌다
마른 나무토막 같은 거기에 부레가 있었다니!
시린 무릎의 안쪽에서 칼바람 불고 낙석이 구른다
잦은 바람을 겪은 몸이
생각의 골짜기를 익숙하게 넘나들지만
번번이 어긋나는 예감으로 천길 통증의 늪으로 미끄러
진다
어쩌다 짐작한 방향에서 바람이 부는 날이면
천지사방 길 아닌 곳은 없어서,
함부로 휘젓고 다녔다
몸 안의 바람들 살점이 되어 갔으며
허공으로 떠오르는 꿈은 늘 은밀했다

버릴 수 없는 기억의 일부처럼
물속에서 흔들리는 뿌리들 때문에
가끔씩 한쪽으로 몸이 쏠리거나 거리 출렁이고
심한 멀미가 해일처럼 덮친다

먹은 것도 없는 빈속으로 헛구역질을 하다가
맑은 정신으로 돌아보면 바람 가득한 골목이다
낯익은 문패가 걸려 있는 집 앞이다
부레, 거기서 공중부양의 힘이 나온다는 걸 믿기 위하여
한동안 무릎을 들여다 본다
부레의 힘으로 밀고 가던 길들이 문득 멈춰 있다

그 모든 골목들을 다 기억하듯 수시로 바람 분다

넘칠 듯, 넘칠 듯, 일렁이는 못가에서 바람과 마주 선
부레옥잠 그 여자.
터를 잡지 못한들, 흙이 아닌들,
이미 오래 흔들리며 살아왔으니

적멸寂滅

잘 익은 복숭아를 고른다
향기만으로도 알 수 있는 것을
너무 오래 골랐을까
손 댄 자리마다 거뭇거뭇 멍든 복숭아를 먹는다
보스스 솜털 날리던 비리고 작은 몸
언제 이만큼 깊어졌을까
속살까지 문드러진다
주르르 단물 흐른다
제 가진 가장 향기로운 것으로 나를 적신다
그냥 흘러 갈 수 없다는 듯 끈적이며 늘어붙는다
끈적이는 것이 모두 집착은 아닐 테지
시퍼렇게 멍든 살점을 꿀꺽 넘긴다

이제 다 익었나
그냥 두면 떨어져버릴 텐데
누가 나를 자꾸 고르는 중인가 보다
송구하여라

비를 많이 맞아서 싱거울 텐데
몇 군데 벌레 먹은 곳도 있는데

손가락으로 저승꽃을 지우는 거울 속의 여자

황사

내 몸은 너무 무거워서
끌고 가던 마음이 툭, 손을 놓칠 때가 있다
수시로 넘어져
깨진 사기등잔처럼 금 간 몸을 열고
마른 심지를 돋우듯 생각을 모아 쥐면 푸르르 떨어지는
그을음
불길 지나갔다는 분명한 흔적이다
알아볼 수 없지만 한동안 내 것이었던 것들의 잔해 속에
웅크려 숨은 방화범 있을 것 같아서
아무래도 아는 얼굴일 것 같아
서둘러 돌아선다

들어가 보면 아무것도 지워지지 않은 흙먼지 속을
혼령처럼 떠돌다 돌아온 저녁
쉬지 않고 기침 쏟아진다
오래전 내 몸을 통과한 영혼 하나
오리무중의 흙바람 속에서 패인 길바닥을 헤매일 것

같아

들리니, 들리니,

목울대에 매달린 쇠종을 밤새도록 두드린다

창밖은 이제 한 치 앞도 보이지 않는데

목구멍을 타고 넘어오는 바람의 비린내

이름도 모르는 먼지바람에게 안팎을 다 빼앗긴 채

제 소리를 집어삼키고 목쉰 수탉처럼 꾸룩거리는 쇠종을

무릎 꿇고 엎드려 점점 빠르게 두드린다

안개 부족

백내장을 앓는 어머니 모시고 병원에 간다

그녀는 오래전부터 안개의 부족이었다
눈동자에 찍힌 안개의 紋章 아니어도 증거는 있다
새벽부터 밤중까지 쉬지 않고 돌아다니지만
발자국 소리가 들리지 않는다
안개 위를 떠다니는 것이 틀림없다
마른 논바닥처럼 먼지 풀썩이는 상심 따위도
그녀에게 기대면 금방 촉촉하게 젖어든다
사물의 경계가 지워진 짙은 안개 속에서도
매일 똑같은 자리에 밥상을 차리고 반듯하게 신발 벗어
놓고
가족들의 귀가를 기다리는 그녀를
다른 부족이라고 의심해 본 적이 없다

몸속 어딘가에 안개의 늪을 품은 채
날마다 조금씩 지워지는 그녀

지워진 것들이 모두 사라지는 것은 아닌 줄 알지만
세상의 모든 모서리를 지우고 싶은 그녀
누군가가 재빨리 끼워 넣은 눈물쯤은 모른 척 넘기면서
흐린 수채화처럼 점점 더 아득해지는 그녀
나도 모르게 그녀의 안개 속으로 스며들어서
젖은 발자국 위에 엎드리고 싶은 아침
손때 묻은 햇살 한 줌 수줍게 꺼내 보이며
배시시 웃는 그녀

두드리다

1

저녁마다 기침에 시달린다
가슴을 탁탁 두드려 숨을 고르면
눈물 솟구친다

두드린다는 건 막막한 것들끼리 건네는 잠깐의 위로
어둠 속에서 더 잘 들리는 은밀한 말이다
밤새도록 목울대를 두드려 갈비뼈까지 흔들고야 마는

기침은 힘이 세다

2

몸이 없는 것들과 깊이 알고 지낸다
가장 오래 머문 것들은 아주 다른 두 이름이다
내가 그들을, 그들이 나를, 가만가만 혹은 격렬하게
두드리며 산다

떨림으로 가득하다

오른손으로 왼쪽 어깨를 두드려 본다
벼랑인 듯 매달려 흔들리던 몸이 없는 것들의 흔적이
한 줄기 와디로 가슴을 흐른다
강물은 마음의 길을 읽을 줄 몰라서
사막을 건너는 한 마리 실뱀처럼
속으로 속으로만 파고드는데

부어오른 목젖을 확인하고도
어딘가 약에 쓰일 맹독이 있을 거라고
늙은 승냥이처럼 컹컹컹 울면서 갈비뼈 사이마다 두드려보는
너의 전갈은 오래된 천식처럼 집요하여
몸에도 마음에도 부릴 곳이 없다

□ 해설

천년의 흔적을 새긴 몸의 언어

이경수(문학평론가)

1. 흔적과 기억

시인은 지난 시간을 기억하는 자이다. 그/녀들은 과거의 시간에 누구보다도 오래 머물러 있고 몸이 떠난 후에도 오래도록 과거의 기억에 매여 있다. 세상은 앞을 향해 무서운 속도로 달려가지만, 시인들은 세상의 속도와 거리를 둔 채 과거를 향해 있다. 시를 쓰도록 자신을 몰아간 과거의 상처를 그/녀는 오래 응시하고, 골똘히 만져보며, 애써 기억하고자 한다. 지난 시간이 남긴 흔적을 들여다보고 그로부터 잊고 있던 지난 시간을 기억해내는 것. 그것은 오래 전부터 서정

시의 몫이었다.

박미라의 이번 시집도 확연히 과거의 기억을 향하고 있다. 그녀의 시 곳곳에는 천년 세월의 흔적이 아로새겨져 있다. "뱃속을 뒤지면 수세기 전의 물건들이 나오곤"(「혀」) 하는 격포처럼 박미라의 시는 무궁무진한 과거의 흔적을 품고 있다. 그 속엔 "공룡 발자국 화석"(「백악기를 읽다」)이 숨어 있고, "우레 같은 숨소리를 다스리"고 "눈과 귀를 버"(「고인돌」)린 채 천년 세월을 품은 고인돌이 있고, "소리가 지워진 노모의 세계"(「슬픔」)가 있고, "씻은 배추줄기처럼 희멀건 풍채로 사랑방 창가에서 통소를 불던 아버지"(「아빠하고 나하고」)가 있다. 지난 세월의 흔적을 더듬어 그녀가 펼쳐놓는 풍경은 아픈 현재를 환기한다.

혼자서는 좋아하는 냉면도 제대로 즐기지 못하고 쩔쩔 매는 아버지나 한때 아름답게 꽃 피웠던 어머니는 이제 여기에 없다. 이미 저 세상으로 가신 아버지와 병든 노모만이 그녀의 현재를 더욱 외롭게 확인시켜줄 뿐이다. 수많은 상처의 세월을 지났기 때문에 "이제 사랑도 겨울도 더 이상 치명적이지 않다"(「억새꽃 내 언니」). 상처에 무덤덤해지게 만든 것은 저 세월의 힘이다. 시인도 그것을 잘 알고 있기 때문일까. 그녀의 시는 오랜 시간과 그 시간을 함께 한 오래된 존재들에게 관심을 기울인다. 오래되고 낡은 것들을 향한 각별한 애정의 시선이야말로 박미라 시에서 눈여겨볼 대목이다. 오래된 물건들은 그녀의 시에서 종종 오랜 세월이나 오래된 사람과 병치되곤 하는데, 이들을 향한 애정 어린 시선을 통해 결국 그녀는 우리가 잃어버린 가치들을 기억하고 지지하고자 한다. 아마도 그녀가 생각하는 시인의 몫은 바로 그런 것이 아닐까 싶다.

천 년 세월의 흔적을 품고 있는 존재들을 각별히 응시하며 박미라의 시는 오랜 시간을 지나온 것들만이 지니고 있는 특별한 분위기를 관심 있게 그려낸다. 어차피 생명을 지닌 것들은 오랜 시간이 지나면 소멸하는 것임을 그녀 역시 누구보다도 잘 알고 있지만, 육신이 소멸한 후에도 세월이 흐를수록 깊어지는 무언가가 남아 있음을 또한 깨달은 것이다. 소멸을 안타까워하는 시선이 영원의 시간에 대한 추구로 그녀의 시를 이끈 것일 수도 있다.

2. 조금씩 지워지는 안개 부족

박미라의 시적 원천은 어머니이다. 그녀의 이번 시집 곳곳에는 앓고 있는 어머니가 등장한다. 소리를 잃고 시력을 잃고 점점 더 많은 것을 잃어가는 어머니를 바라보며 아무것도 할 수 없는 안타까움에 젖어가는 시인의 시선이 시집 전반에 흐르고 있다. 그것은 어머니를 바라보는 딸의 시선이기도 하다. 어머니를 대하는 딸의 시선에는 연민과 연대의 감정이 들어 있게 마련이다. 모계로 이어지는 동성끼리의 연대가 특별한 것은 아직 그녀들이 억압받는 소수자의 처지에 가까워서이기도 할 것이다. 연대는 소수자의 언어이다.

백내장을 앓는 어머니 모시고 병원에 간다

그녀는 오래전부터 안개의 부족이었다
눈동자에 찍힌 안개의 紋章 아니어도 증거는 있다
새벽부터 밤중까지 쉬지 않고 돌아다니지만
발자국 소리가 들리지 않는다
안개 위를 떠다니는 것이 틀림없다
마른 논바닥처럼 먼지 풀썩이는 상심 따위도
그녀에게 기대면 금방 촉촉하게 젖어든다
사물의 경계가 지워진 짙은 안개 속에서도
매일 똑같은 자리에 밥상을 차리고 반듯하게 신발 벗어놓고
가족들의 귀가를 기다리는 그녀를
다른 부족이라고 의심해 본 적이 없다

몸속 어딘가에 안개의 늪을 품은 채
날마다 조금씩 지워지는 그녀

지워진 것들이 모두 사라지는 것은 아닌 줄 알지만
세상의 모든 모서리를 지우고 싶은 그녀
누군가가 재빨리 끼워 넣은 눈물쯤은 모른 척 넘기면서
흐린 수채화처럼 점점 더 아득해지는 그녀
나도 모르게 그녀의 안개 속으로 스며들어서
젖은 발자국 위에 엎드리고 싶은 아침
손때 묻은 햇살 한 줌 수줍게 꺼내 보이며
배시시 웃는 그녀

—「안개 부족」 전문

백내장을 앓는 어머니를 안개의 부족에 비유하고 있는 아름답고 슬픈 시이다. 백내장을 앓는 어머니의 눈이 안개 낀 듯 희뿌열 것이라는 생각에 착안해서 이 시의 상상력은 진개된다. 그러고 보니 눈동자에 찍힌 안개의 문장이 아니어도 그녀는 이미 오래전부터 안개의 부족이었는지도 모른다. 새벽부터 밤중까지 가족을 위해 쉬지 않고 돌아다니며 물을 긷고 새벽밥을 짓고 불을 갈고 하는 어머니의 모습은 어느 집이고 흔히 볼 수 있는 모습이었다. 쉬지 않고 돌아다니지만 발자국 소리도 들리지 않는 어머니의 움직임을 가리켜 시인은 안개 위를 떠다니는 것이 틀림없다고 말한다. 안개와 닮은 것은 그뿐이 아니다. "마른 논바닥처럼 먼지 풀썩이는 상심 따위도/ 그녀에게 기대면 금방 촉촉하게 젖어든다". 가족의 마음 하나하나를 살피는 어머니의 마음은 물기 많은 안개처럼 촉촉해서 웬만한 상심 따위는 그 물기로 감싸 안는다. 게다가 백내장으로 눈이 흐려진 뒤에도 매일 똑같은 자리에 밥상을 차리고 반듯하게 신발 벗어놓고 가족들의 귀가를 기다리는 어머니는 안개의 부족이 아닐 리 없다.

안개에 관한 상상을 아름답고 공포스럽게 그려낸 문학작품들의 목록이 선연하지만, 박미라의 시는 어머니를 안개에 비유하는 상상력으로 안개에 대한 새로운 상상의 경지를 열어주고 있다. "몸속 어딘가에 안개의 늪을 품은 채/ 날마다 조금씩 지워지는 그녀"는 어디서든 흔히 볼 수 있는, 나이 들어가는 우리네 어머니의 모습을 아름답고 처연하게 형상화하고 있다. 흐린 수채화처럼 점점 더 아득해지며 그렇게 우리들의 어머니는 늙어가고 계신다. "손때 묻은 햇살 한 줌 수줍게 꺼내 보이며/ 배시시 웃는 그녀"의 모습에선 소녀적 어머니의 모습이 어리비친다. 뒤늦게 깨달은 어머니에 대한 안타까움과 연민과 사랑의 감정을 박미라의 시는 아름답게 형상화하는 데 성공한다.

(신의 제단에 닿기 위하여 기어서 계단을 오른 적이 있다)

다세대 연립의 맨 윗층에 자리 잡은 신전

예고 없는 방문을 허락지 않는다
잠긴 문 앞에서 구원을 바라는 몸뚱이가 뜨겁다
헛간 귀퉁이에 세워 둔 빗자루처럼 헛헛한 한 시간
신전의 문이 열리고
말갛게 웃으며 나투시는 나의 유일 신

불현듯 달려와 생각하면, 드릴 것이 없어
빈 손바닥을 낡은 부채처럼 펼치는데
땀내 나는 먼 길을 받아 안으시는
목욕 뒤의 머리칼에서 보리쌀 삶는 냄새가 난다

소리가 지워진 노모의 세계는 새벽 창문처럼 고요하여
천둥도 사랑도 다만 무늬일 뿐인데
자글자글한 주름살 고랑마다
말씀의 무늬가 마른 오이꽃처럼 흔들린다

머무르지 않는 것들은 모두 야속하다

—「슬픔」 전문

제목에 '슬픔'이라는 말을 고스란히 노출하고 있는 것이 눈에 띄는 시이다. 비유와 같은 장치를 통해 걸러 내거나 다른 수식을 붙일 수 없을 정도로 슬픔의 정도가 깊고 순일했다는 뜻일 게다. 오히려 아무런 수식을 더하지 않음으로써 슬픔의 감정이 그대로 전해져 온다. 소리가 지워진 노모의 세계를 신전 드나들듯 하는 시인의 마음은 때늦은 안타까움 같은 것이겠다.

다세대 연립의 맨 위층에 자리 잡은 노모의 집을 신전에 비유하는 까닭은 대략 두 가지이다. 예고 없는 방문을 허락하지 않기 때문이며, 신전에 들어갈 때와 같이 절박하고 경건한 마음으로 그곳에 찾아가기 때문이다. "목욕 뒤의 머리칼에서 보리쌀 삶는 냄새가" 나는 노모의 세계는 소리가 지워진 세계다. 예고 없이 방문했을 때 잠긴 문 앞에서 "헛간 귀퉁이에 세워 둔 빗자루처럼 헛헛한 한 시간"을 보내야만 하는 것도 노모가 청력을 상실한 것과 관련이 있어 보인다.

소리가 지워져 "새벽 창문처럼 고요"한 노모의 세계에서 말씀의 무늬는 오히려 "자글자글한 주름살 고랑마다" "마른 오이꽃처럼 흔들린다". 그곳엔 언어 이전의 언어가 있다. 소리가 살아 있던 시절 시인은 소리에 기대느라 몸의 말씀을 듣지 못했지만, 이제 비로소 어머니의 몸이 건네는 말씀을 들을 수 있게 되었다. 자글자글한 주름살 고랑마다 패여 있던 말씀의 무늬가 그제야 시인의 마음에 아로새겨진 것이다.

머무르지 않는 것들은 야속하다. 더구나 그것이 기다려주지 않는 어머니라면 그 야속함은 두고두고 시인을 아프게 할 것이다. 소리를 잃고 시야를 잃은 채 점점 노쇠해져 가는 어머니를 바라보면서 그녀 역시 우리 시에서 오랫동안 불려온 풍수지탄을 되풀이 할 수밖에 없었을 것이다. 하지만 머무르지 않기 때문에 비로소 우리는 슬픔을 아는 것인지도 모른다. 인간이 영원이라는 불가능을 꿈꾸게 된 것도, 가질 수 없는 것에 대한 안타까움을 알게 된 것도 따지고 보면 소멸의 힘 때문이다. 우리 역시 언젠가는 안개 부족의 일원이 될 것임을 알기 때문에 그 안타까운 이별을 받아들일 수 있는 것인지도 모르겠다.

3. 시간을 기록하는 자의 시선

박미라의 이번 시집에는 시간에 대한 사유가 유독 돋보인다. 과거를 향하는 많은 시인들이 다양한 방식으로 시간을 노래해 왔지만, 박미라의 시는 천년의 시간을 품고 영원의 시간을 꿈꾸면서도 현실과의 관련성을 잃어버리지 않는다는 점에서 눈여겨볼 만하다. 박미라는 시인 자신을 시간을 기록하는 자로 인식하고 있다. 지워져가는 흔적을 기록하여 기억하게 하는 일이 시인의 몫이라고 그녀는 믿고 있는 듯하다. 그러나 그 운명을 받아들이기까지 그녀에게도 망설임과 등 돌림의 시간이 있었던 것으로 보인다. "눈을 뜨면,/ 웅크린 역사 하나 응달쪽에 보일 것 같아/ 잠결인 듯 눈 감고/ 아까부터 따라오는 냉이꽃"만 바라보는 외면의 시간이 그녀에게도 있었던 것이다. "무작정 뛰어내려/ 돌아오지 않는 것들의 주소를 수소문하게 될까 봐"(「상처의 배후를 기록하다」) 애써 눈감고 지나가 봤지만, 결국 그녀는 상처의 배후를 기록하는 시인의 운명을 받아들일 수밖에 없었을 것이다.

1

썰물 뒤에 드러난 공룡 발자국 화석을 본다
금방 진창을 밟고 지나간 듯 물기 남아 있다
바다를 통째로 밀고 당기는 손으로도 지우지 못하는 당당한 흔적이다
눈앞에 선명한 물증을 보면서도
바다로부터 왔는지 바다로 갔는지 짐작조차 할 수 없는
저 발자국은 또 다른 발자국을 찾아가기 위한
하나의 기호는 아닐런지

2

한 걸음 한 걸음 바위가 될 때까지 헤아릴 수 없이 많은 생이 지나갔다 발바닥을 타고 번지는 습기에 뼛속까지 젖으며 그대로 주저앉아 흙이되자흙이되자 흐느낄 때마다 급하게 달려와 곁을 지키는 산맥과 누대의 자손을 보내어 안부를 묻는 풀과 나무, 새와 바람, 무심히 스쳤거나 존재조

차 몰랐던 온갖 냄새들.

나는 그것들의 이름을 적어두기 위하여 백악기의 책력을 만든다 스스로의 살점을 천천히 저민다 누군가 강제로 수습해 간 나의 유골은 사실은 책력을 묶었던 질긴 끈이다

3

오늘 그대가 나의 책력을 펼쳐서
행간 속에 끼워둔 늙은 달빛과
미처 다 기록하지 못한 이름들을 알아본다면
나는 발자국을 벗고
맨 처음 밟았던 젖은 흙으로 홀연히 돌아갈 것이다
끊임없이 별자리를 외우며 걸어온 방향을 바라본다

—「백악기를 읽다」 전문

썰물 뒤에 드러난 공룡 발자국 화석을 보며 시인은 "바다를 통째로 밀고 당기는 손으로도 지우지 못하는 당당한 흔적"의 존재감에 새삼 놀란다. 눈앞에 선명한 물증을 보면서도 그것이 바다로부터 왔는지 바다로 갔는지 짐작조차 할 수 없지만, 시인은 저 발자국이 "또 다른 발자국을 찾아가기 위한/ 하나의 기호"라고 생각한다.

지금으로부터 약 1억 3천5백만 년 전부터 약 6천5백만 년 전까지의 시기인 중생대 백악기에는 암모나이트, 공룡 등이

번성했다. 썰물 뒤에 드러난 공룡 발자국 화석을 보며 시인의 상상력은 백악기를 읽기 시작한다. "한 걸음 한 걸음 바위가 될 때까지 헤아릴 수 없이 많은 생이 지나"가도록 공룡의 발자국은 화석이 되어 남아 백악기를 증명한다. 수많은 세월이 흐르도록 지워지지 않은 채 남아 있는 흔적이 오래전 이 땅에 공룡들이 살았음을 기억하고 있는 것이다. 그렇게 오랜 세월이 흐르는 동안 산맥과 풀과 나무, 새와 바람, 무심히 스쳤거나 존재조차 몰랐던 온갖 냄새들도 이 땅에 생겨나 그 존재를 현시했다.

그것들의 이름을 적어두기 위하여 백악기의 책력을 만든 이는 다름 아닌 시인이었을 것이다. 스스로의 살점을 천천히 저며 백악기의 책력을 만드는 데 시인은 온몸을 바쳤을 것이다. 그리고 세월이 흘러 오늘, 오래전 시인이 남긴 책력을 펼쳐서 "행간 속에 끼워둔 늙은 달빛과 미처 다 기록하지 못한 이름들을 알아" 보는 누군가를 만난다면, 시인은 "발자국을 벗고 맨 처음 밟았던 젖은 흙으로 홀연히 돌아갈 것"이라고 한다. 그 누군가는 시인의 비밀스런 기록을 알아보는 독자일 것이다. 박미라 시인은 이렇게 후대의 독자와의 행복한 지음을 꿈꾸며 시를 쓰고 있다. 그녀가 미처 다 기록하지 못한 책력의 행간까지 읽는 독자를 만났을 때 아마도 "또 다른 발자국을 찾아가기 위한/ 하나의 기호"는 완성될 것이다.

항아리를 닦다가 툭 쳤는데 터—엉, 쉰 목소리가 난다
누구지, 고개를 디밀고 아—아 부르니 동굴 밑바닥을 타고 천천히 돌아오는 아——아

무엇인가를 담았던 기억은 아득하고 그 사이 몇 마리 거미가 다녀갔다 그 중에 몇몇은 잠깐씩 머물거나 눌러 살고 싶었던 듯 그물을 치던 흔적이 있다

바람도 돌팔매도 닿지 못할 장소를 찾아낸 거미의 황홀이 햇살처럼 묻어 있는 빈 항아리.
잠들 때조차 부릴 곳 없던 제 몸의 무게를 견고한 동굴 속에 던져두고
하늘을 등진 채 혹, 자살을 꿈꾸기도 했던
죽음의 문턱에서도 물러서지 않는 허기에 나갈까 나가버릴까
그물을 치다가 말다가
잘못 날아든 나방을 향해 깔깔 웃기도 했던
뱉어 낼 수 있는 건 오직 먹이를 위한 그물뿐인 생애를
저 혼자 이리저리 짚어보기도 했을
빈 항아리에 등을 기대고 지금은 없는 거미의 날들을 생각한다

아—아—아, 아—아—아
등짝을 두드리다가 머리를 쓰다듬다가
까치발을 딛고 가둣 잦아드는 목소리
숲은 숲대로 까무룩 잠들고 새는 제 부리를 허공에 문지르고
거미의 종적은 묘연하고

—「거미가 다녀갔다」 전문

이제 시인의 상상력은 눈에 보이지 않는 흔적을 찾아 나선다. 아주 작은 기미 하나에서도 그녀는 누군가 살다 간 흔적을 찾고자 한다. 아무도 기억해 주지 않을 때 그 존재는 의미 없이 사라지고 말지만, 누군가 단 한 사람이라도 그가 살다 갔음을 기억해 준다면 그는 의미 있는 존재가 될 것이다. 흔적 없이 사라지는 존재에 대해 시인이 느끼는 안타까움이 그 존재의 흔적을 더듬어 기록하는 역할을 기꺼이 맡게 했는지도 모른다.

항아리를 닦다가 툭 쳤는데 터엉, 소리가 난다. 예사롭게 보아 넘길 수도 있지만 시인은 그 소리로부터 자신을 부르는 기미를 느낀다. 그래서 고개를 디밀고 아—아 불러 본다. 천천히 '아—아' 라는 울림이 되돌아온다. 그 순간 항아리는 동굴이 된다. 텅 비어 있는 항아리에 무엇인가를 담았던 기억

은 아득하고, 심지어 그 사이 거미도 몇 마리 다녀갔지만, 거의 눈에 띄지 않는 그 기미 속에서 시인은 거미의 흔적을 발견한다. 그물을 치던 흔적을 보며 거미의 행적을 뒤쫓는 시인의 상상력은 절정에 이른다. 처음 이 텅 빈 항아리를 발견했을 때 거미가 느꼈을 황홀을 가늠해 보기도 하고, 허기에 나갈까 고민하며 그물을 치다가 말다가 했을 거미의 망설임을 되짚어 보기도 한다. 그러다 잘못 날아든 나방을 향해 깔깔 웃기도 했을, 지금은 없는 거미의 날들을 빈 항아리에 등을 기대고 앉아 생각한다. 거미의 종적은 묘연하지만, 거미가 다녀갔음을 기억해주는 시인이 있는 한 거미는 분명 그곳에 살았었다. 박미라의 시는 이렇게 잊혀진 존재에 생명력을 불어넣는다. 시간을 기록하는 시인의 시선은 사라져 없거나 잊혀진 존재에게 생명의 온기를 불어넣어주는 역할을 한다.

우레 같은 숨소리를 다스리는데 백 년이 걸리고
눈과 귀를 버리는데 천 년이 걸렸다
버리고 지운 것이 그 뿐이 아니어서
겉과 속이 똑같이 살점도 가죽도 뼈도 아닌데

나는 어느 강물의 종족이었는지

선명히 남아 있는 실핏줄 아니어도
강물 한 굽이를 잘라낸 몸의 기억이 환하다
생각 깊어지는 한밤중이면
달빛 아래에서 출렁일 줄도 알고
한 마리 나비의 기척에도 살갗 파르르 떨린다
살점 어딘가에 깊숙이 숨은 채
마른 물줄기를 후벼 파는 기억 하나 있지만
오래된 것들은 닮아 가는지
통증도 이제는 견딜만하다

발바닥이거나 종아리쯤에서 실핏줄 하나 터졌는지
물소리 가만가만 들려오지만
풍화를 꿈꾸기에 나는 여전히 너무 무거워
또 다시, 천 년을 작정하고 禪定에 든다

피고지고피고지고,
몇 송이 풀꽃만이 누대에 걸친 이웃이다

—「고인돌」 전문

청동기 시대의 대표적인 무덤 양식인 고인돌은 전국에 분포해 있어서 비교적 쉽게 볼 수 있다. 오래전의 무덤 형태가 기나긴 세월을 지나 지금까지 여러 곳에 남아 있다는 것은 신비로운 일이 아닐 수 없다. 아무 말이 없는 저 고인돌 무덤에서 시인은, 긴 세월을 지나며 그것이 버리고 지운 것들을 떠올린다. "우레 같은 숨소리를 다스리는데 백 년이 걸리고 눈과 귀를 버리는데 천 년이 걸렸다". 물론 저 거대한 침묵의 돌로 남기까지 버리고 지운 것이 그 뿐일 리 없다. "겉과 속이 똑같이" 단단한 돌로 남아 오랜 역사를 온몸으로 증언하고 있는 고인돌을 보며 시인은 자신의 기원을 생각해 본다. "나는 어느 강물의 종족"이었을까.

침묵하는 저 고인돌을 바라보며 자신의 기원을 더듬던 시인은 "살점 어딘가에 깊숙이 숨은 채/ 마른 물줄기를 후벼 파는 기억 하나"를 떠올린다. 시인의 몸을 뚫고 간 상처 입은 기억은 아직 선명한데, "오래된 것들은 닮아 가는지/ 통증도 이제는 견딜만하나". 시인 역시 난독자로서의 개인이 아니라 "피고지고피고지고" 하는 무수한 세월을 지나온 존재이다. 시인의 몸에는 오랜 세월을 변함없이 흘러온 강물이 흐르고 있다. 그녀는 풍화를 꿈꿔 보지만, 그러기엔 여전히 너무 무겁다는 사실을 이내 깨닫고 "또 다시, 천 년을 작정하고 禪定에 든다". 여기서 시인은 이미 고인돌이 된다. 그녀 역시 단단한 돌이 되어 이 땅을 스쳐 간 오랜 시간을 기록하고자 한다. 오랜 세월 피고지고 피고지기를 반복하는 동안 "몇 송이 풀꽃만이 누대에 걸친 이웃"이 된다.

4. 몸의 언어, 두드림

지난 세월의 흔적을 기록하기 위해 시인이 귀 기울이는 것은 몸의 언어이다. 소리도 잃고 시야도 잃어 점점 흐려지는 어머니와 유일하게 소통하기 위해서 그녀가 익혀야 했던 것도 몸의 언어였을 것이다. "허연 혓바닥을 길게 빼물고/ 철썩철썩 제 등짝을 두드리며"(「혀」) 노는 격포 바다의 아주 오래된 습관을 시인이 눈여겨보는 것도 "시화호 갈대숲 기슭에서 한 곳을 바라보는 새 떼들" 무리의 끝자리에 "빈 문장의 물음표처럼 뒤돌아선 한 마리"(「새여」)의 몸짓을 쉽게 잊지 못하고 담아두는 까닭도 그 몸을 스쳐간 오랜 시간의 흔적을 기억해두고자 함이다.

> 2
> 몸이 없는 것들과 깊이 알고 지낸다
> 가장 오래 머문 것들은 아주 다른 두 이름이다
> 내가 그들을, 그들이 나를, 가만가만 혹은 격렬하게
> 두드리며 산다
>
> 떨림으로 가득하다

오른손으로 왼쪽 어깨를 두드려 본다
벼랑인 듯 매달려 흔들리던 몸이 없는 것들의 흔적이
한 줄기 와디로 가슴을 흐른다
강물은 마음의 길을 읽을 줄 몰라서
사막을 건너는 한 마리 실뱀처럼
속으로 속으로만 파고드는데

부어오른 목젖을 확인하고도
어딘가 약에 쓰일 맹독이 있을 거라고
늙은 승냥이처럼 컹컹컹 울면서 갈비뼈 사이마다 두드려보는
너의 전갈은 오래된 천식처럼 집요하여
몸에도 마음에도 부릴 곳이 없다

—「두드리다」 부분

기침은 이상하게도 저녁만 되면 더 심해진다. 저녁마다 기침에 시달릴 때 가슴을 탁탁 두드려 숨을 고르면 눈물 솟구친 경험을 한 번쯤 해본 적이 있을 것이다. 두드림, 그것은 몸의 언어이다. "두드린다는 건 막막한 것들끼리 건네는 잠깐의 위로"이자 "어둠 속에서 더 잘 들리는 은밀한 말"이다. "밤새도록 목울대를 두드려 갈비뼈까지 흔들고야 마는" 기침도 목울대를 두드려 내는 몸의 언어이며, 기침을 멎게 하

기 위해 가슴을 탁탁 두드리는 손길도 몸이 건네는 전언이다.

시인은 떨림으로 가득한 몸의 언어에 귀 기울이며, 기침으로 온몸을 두드리는 "너의 전갈"이 건네는 말을 알아들으려 애쓴다. 몸이 없는 것들도 우리 몸에 흔적을 남기고 온몸을 두드리는 몸의 언어를 건넬 줄 안다. 그 집요한 두드림이 우리 몸을 울림통으로 만든다.

감기약을 달인다
바짝 마른 약재를 불과 불꽃의 경계에 올려놓고
물의 비등점을 자꾸만 밀어낸다
끓는 물처럼 버글거리는 머리를 흔들며
달여서 만든 것들의 이름을 외워본다
진액. 진심. 진정. 진국.
풋것일 때의 향기를 그대로 풍기는
저들도 오래 왔을 것이다

초록이거나 붉은 혹은 노랑이었을지도 모르는 것들의
고혈을 쥐어짠다
죽음 속에 싸 두었던 검은 피 한 잔
그 구구한 기록을 훔친다
감싸쥔 잔 속에서 잔물결이 인다

바람과 햇살의 뼈마디들이 한데 섞여 흔들리고 있다
목숨의 절정을 함께 견딘 것들끼리
딱딱하게 굳은 어깨를 툭툭 친다
몸 섞어 부비는 것으로 묵은 안부를 끝낸다

손바닥이 따듯해진다
바람 잦아들고 햇살 고요하다
열에 들떠 바작바작 타 들어가는 입술을 약 그릇에 댄다
뜨거움으로 뜨거움을 짚어가는
검은 피, 한 잔의 경건한 의식이다

—「검은 피 한 잔」 전문

박미라의 이번 시집에는 일상의 체험으로부터 시적 순간을 포착해 건져 올리는 시들이 종종 눈에 띈다. 인용한 시도 감기약을 달여 먹는 체험을 통해 "목숨의 절정을 함께 견딘 것들끼리/ 몸 섞어 부비는" 경건한 의식에 대해 말한다.

"풋것일 때의 향기를 그대로 풍기는" 저 오래된 것들의 고혈을 쥐어짜 달인 감기약을 시인은 "검은 피 한 잔"이라 부른다. 목숨의 절정을 함께 견딘 것들끼리 몸 섞어 부빈 검은 피 한 잔은 죽은 후에도 몸의 언어로 말한다. 손바닥이 따듯해져 오는 것은 그 몸의 언어를 알아차렸기 때문일지 모른다. "바람 잦아들고 햇살 고요"한 가운데 "열에 들떠 바작바

작 타 들어가는 입술"과 검은 피 한 잔이 몸을 섞는 경건한 의식이 시작된다. "딱딱하게 굳은 어깨를 툭툭" 치는 두드림의 언어를 주고받으며 아픈 몸은 서서히 치유될 것이다. 두드림, 즉 몸의 언어는 박미라에게 치유의 언어가 된다.

5. 초록 우주의 생명력

눈도 귀도 어두워지고 차차 살았던 흔적을 지워가는 것들이 몸으로 건네는 언어에 귀 기울이며 시인은 오랜 시간의 흔적을 더듬어 기록한다. 기록은 기억에 생명력을 부여해 잊혀가던 것들은 다시 생명력을 얻는다. 그렇게 박미라의 시는 우주만물에 살아 숨쉬는 생명력을 불어넣는다. 그것은 생생한 초록 빛깔이다.

살얼음 낀 방죽에서 연밥을 딴다
씨방의 껍질을 찢고
그 안의 씨앗을 다시 깨뜨려
살점을 가르면
태아처럼 웅크린 꽃눈

천천히 고요해지는 찻물을 따른다

찻잔 가득 번지는 저 색깔을 무어라 해야 하나
아득한 이 향기를 무어라 해야 하나
연잎에 구르던 빗방울이, 꽃잎에 쌓였던 달빛이,
조금씩 덜어두고 간 입김 따위로 빚어진
아직은 흑백인 우주
곰곰이 들여다보면
지금 막 초록으로 건너가려던 중인 걸 알겠다
자꾸 수그러지는 머리를 흔들며
다시 찻물을 따른다
툭툭 튼 입술을 마른 땅 밟듯 지나서
뻘밭 속으로 몸을 옮기는
내 몸의 다음 생

—「연자차」 전문

살얼음 낀 방죽에서 연밥을 따 "씨방의 껍질을 찢고/ 그 안의 씨앗을 다시 깨뜨려/ 살점을 가르면/ 태아처럼 웅크린 꽃눈"이 나온다. 연자차는 연밥 속의 씨앗을 가르고 그 안의 꽃눈을 꺼내어 덖어 끓인 차이다. 시력과 청력이 약해진 사람에게 좋고 불안 증세나 가슴 두근거림에 좋은 차라고 한다. 그러고 보면 시인이 연자차를 끓여 먹게 된 데도 사연이 있을 법하다.

저 깊은 곳에 웅크려 앉은 꽃눈을 꺼내어 덖어 끓인 연자차는 뭐라 말할 수 없을 정도로 아득한 향기와 아련한 빛깔을 품고 있다. 시인은 그것이 "연잎에 구르던 빗방울"과 "꽃잎에 쌓였던 달빛"이 "조금씩 덜어두고 간 입김 따위로 빚어진" 것임을 이내 알아차린다. 눈에 보이지는 않지만 연밥의 씨앗을 스쳐 지나갔을 무수한 시간이 우러나와 연자차의 빛깔과 향을 뿜어내는 것임을 아는 것이다. 아직은 흑백인 우주이지만 "곰곰이 들여다보면/ 지금 막 초록으로 건너가려던 중"인 것을 시인은 발견한다. 곰곰이 들여다보는 저 시선이야말로 보이지 않는 것을 보아내고 들리지 않는 것을 들을 줄 아는 시인의 시선이다.

박미라의 시선은 낡고 오래되고 사라져가는 것에 이렇게 초록 우주의 생명력을 불어넣는다. 그리고 마침내 저 찻물이 몸속을 지나면 두 우주가 주고받는 몸의 언어에 의해 툭툭 튼 입술의 마른 생애에도 뻘밭 같은 축축하고 질펀한 생명력이 흐르게 될 것이다. 죽어가는 몸을 "다음 생"으로 옮기는 초록 우주의 생명력이야말로 박미라의 시가 궁극적으로 지향하는 바일 것이다. 희미해져 가는 안개 부족에게도 다음 생을 열어주고 싶은 마음이 저 초록 우주의 생명력에 가 닿은 것이 아닐까 짐작해 본다.